Inhaltsverzeichnis

Der Planet der Bücher ..... Seite 6

Der Planet der Wunschbäume ..... Seite 32

Der Planet des Riesen ..... Seite 66

Deutsche Ausgabe:
Text: Ulla Nedebock
Lektorat: Ellen Wohlleben, Kids & Concepts GmbH
Grafik und Satz: Studio Estinghausen, Berlin
www.friendz-verlag.de
© 2013 Kids & Concepts GmbH • Breitscheidstr. 10 • D-70174 Stuttgart
unter der Lizenz von

Le Petit Prince™ © LPPM 2013

Basierend auf dem Meisterwerk von Antoine de Saint-Exupéry
Entwickelt für das Fernsehen durch Matthieu Delaporte &
Alexandre de la Patellière · Designs: Bertrand Gatignol
Regie: Pierre-Alain Chartier
Gedruckt in Deutschland

Der Kleine Prinz

Geschichten zum Träumen

Der Planet der Bücher

Agnès Bidaud
Text von Ulla Nedebock

Die Rose sieht sehnsüchtig in die Ferne. Sie fühlt sich so einsam ohne ihren kleinen Prinzen. Wenn doch nur wenigstens wieder ein Brief von ihm angeflogen käme!

Auch der kleine Prinz vermisst seine Rose, doch er hat zumindest seinen treuen Freund Fuchs dabei, während er mit seinem Flugzeug durch das Universum reist. Mit ihm kann er Fangen spielen und lachen.
Aber oft müssen sie ihr Spiel unterbrechen, denn sie verfolgen die böse Schlange. Diese und ihre Helfer, die Finsterlinge, versuchen, einen Planeten nach dem anderen zu vernichten. Der kleine Prinz will das unbedingt verhindern.

So ist es auch an diesem Tag. Der kleine Prinz entdeckt einen Planeten, der in eine dichte Wolkenschicht gehüllt ist.
„Dieser Planet sieht gar nicht gut aus. Lass uns besser mal nachsehen!", sagt er zu Fuchs.

Zunächst müssen sie das Eingangstor zum Planeten finden. Da flattern auf einmal Blätter mit Buchstaben um sie herum, das ganze Alphabet. Und beim Z finden sie tatsächlich den Eingang.

Zu ihrer Überraschung treffen sie dann auf lauter Menschen, die ein Buch lesen. Überall gehen, sitzen und liegen Menschen, die offensichtlich richtige Büchernarren sind. Sie scheinen Bücher sehr zu lieben. Auf einmal kommt ein Mann mit einer Ziehharmonika auf den großen Platz und spielt eine seltsame Melodie. Entsetzt beobachtet der kleine Prinz, wie den Menschen ihre Bücher aus der Hand gerissen werden und dem Mann mit der Ziehharmonika hinterherfliegen. Sie werden geradezu magisch von der Melodie angezogen.
Die Menschen sehen dem Bücherdieb hilflos hinterher.
Ein Mann schimpft: „Ich habe das Buch noch nicht ausgelesen!"
Doch es ist zwecklos. Enttäuscht gehen alle zu einem riesigen Zeitungsständer und holen sich dort neuen Lesestoff.

Da hört der kleine Prinz, dass ganz in der Nähe jemand bitterlich weint. Es ist ein kleines Mädchen, das verzweifelt die Hände vor das Gesicht gelegt hat.
„Warum weinst du denn?", fragt er freundlich.
„Dieser gemeine Dieb hat mein Lieblingsbuch weggenommen!", schluchzt es.
Der kleine Prinz stellt sich und Fuchs vor. Erstaunt sieht das Mädchen auf.
„Bist du ein echter Prinz?", fragt es.
Der kleine Prinz nickt.
„Wie in den Büchern!", sagt das Mädchen.
„Ich heiße übrigens Miriam."
„Vielleicht können wir dir helfen, dein Buch wiederzufinden", tröstet der kleine Prinz Miriam.

Doch schon droht Gefahr! Die Finsterlinge tauchen plötzlich auf und sausen genau auf sie zu.
„Kommt mit! Ich weiß, wohin!", ruft Miriam ihren neuen Freunden zu und rennt durch die Gassen. Endlich gelangen sie zu Miriams Zuhause. Das war knapp!
Als sie die Tür hinter sich geschlossen haben, erklärt Fuchs Miriam: „Das waren die Finsterlinge. Sie dienen der Schlange, und die ist wirklich böse, das kannst du mir glauben!"
Der kleine Prinz nickt: „Ja, bestimmt steckt die Schlange hinter dem Bücherklau."

Miriam stellt ihrem Vater die neuen Freunde vor und erzählt von ihrem Unglück.
„Wie kann man nur einem Kind sein Buch stehlen?", sagt er kopfschüttelnd. „Wir sind hier schließlich auf dem Planeten der Bücher. Aber Bücher sind hier selten geworden, seitdem dieser Dieb sie alle stiehlt."
Der kleine Prinz versteht nicht. Warum sollte jemand Bücher stehlen?
Leider kennt Miriams Vater darauf auch keine Antwort.
„Es gibt darüber leider nur Gerüchte. Anatol, der Chefredakteur unserer Zeitung, beschuldigt den Bibliothekar, also Balthasar", erzählt Miriams Vater.

„Er sagt, Balthasar stehle die Bücher, um sie in seine Bibliothek zu stellen. Aber Balthasar streitet alles ab. Er hat sich eingeschlossen und lässt niemanden rein. Doch es gibt noch etwas wirklich Seltsames."
Er führt den kleinen Prinzen zum Fenster und zeigt auf ein großes Gebäude. „Das ist die Bibliothek. Seit einiger Zeit versinkt sie immer tiefer im Boden. Viele Bewohner glauben inzwischen, dass alles Balthasars Schuld sei, weil er sich verschanzt hat."

Der kleine Prinz möchte der Sache auf den Grund gehen. Dazu muss er erst einmal Balthasar in der Bibliothek aufsuchen. Vielleicht findet er dort die Lösung.
Als er zusammen mit Miriam ein Fenster öffnet – die Eingangstür ist schon tief in der Erde versunken –, tritt ihnen ein grimmiger Mann entgegen. Miriam kennt ihn.
Es ist Juri, der in der Bibliothek die Bücher repariert. Er jagt Miriam und ihre Freunde fort. „Balthasar wünscht absolut niemanden zu sehen", ruft er zornig, bevor er das Fenster wieder verriegelt.

So leicht lässt sich der kleine Prinz nicht von seinem Vorhaben abbringen. Rasch zaubert er ein großes Klettertier herbei, mit dessen Hilfe sie schließlich auf das Dach der Bibliothek gelangen. Und sie haben Glück! Balthasar ist da.
Der kleine Prinz erzählt Balthasar, warum sie hier sind, doch der hängt lieber Bücher an einen Baum und sagt: „Ich habe Juri schon gebeten, sich nach den verschwundenen Büchern umzusehen. Tut mir leid, mehr kann ich nicht tun. Ihr müsst jetzt leider gehen. Gleich kommt Fleur. Meine Herzensdame liebt es, wenn ich ihr Geschichten vorlese."
Miriam stellt sich vor Balthasar hin und begehrt auf: „Die Leute sagen, du wärst der Dieb!"
Balthasar sieht sie verdattert an: „Ich habe nichts mit dem Verschwinden dieser Bücher zu tun. Warum glaubt mir denn nur keiner?"

In diesem Moment schwebt eine große Schaukel aus der Wolke über ihnen herunter. Darauf sitzt eine bezaubernde junge Frau, die Balthasar fröhlich begrüßt. Es ist Fleur. Sie bittet den kleinen Prinzen, Fuchs und Miriam, doch bei ihnen zu bleiben und der schönen Geschichte Balthasars zu lauschen. Balthasar hat nichts dagegen, aber er hat nur noch Augen für Fleur.

Auf einem Balkon eines anderen großen Hauses in der Stadt steht zur gleichen Zeit ein Mann mit einem Fernrohr und beobachtet, was sich auf dem Dach der Bibliothek abspielt. Es ist Anatol, der Zeitungschef. Die böse Schlange ist bei ihm.

Anatol hat sich von ihr einreden lassen, dass er die schöne Fleur für sich gewinnen kann, wenn er erst reich und mächtig ist. Und weil er die Zeitung für den Planeten der Bücher herstellt, denkt er, dass er nur alle Bücher verschwinden lassen muss. Dann hätte Balthasar nichts mehr, was er Fleur vorlesen könnte, und sie würde ihn bestimmt vergessen. Am Ende würde Fleur Anatols Werben um sie erhören.
Die Schlange nutzt die Verliebtheit Anatols aus, um den Planeten zu zerstören. Mit einem hämischen Lachen sagt sie zu Anatol: „Wenn die Bibliothek erst mal verschwunden ist und wenn es kein einziges Buch mehr gibt, was soll dieser Süßholzraspler dann vorlesen? Hahaha!"

Es ist schon dunkel geworden, als Balthasar auf dem Dach der Bibliothek seine Vorlesestunde beendet. Fuchs und Miriam sind dabei eingeschlafen, aber Fleur und der kleine Prinz sind noch wach, als Balthasar sein Buch zuschlägt. Der kleine Prinz wundert sich nur, warum der das Buch beim Vorlesen falsch herum gehalten hat.

Nachdem Balthasar sich verabschiedet hat und in seine Bibliothek zurückkehrt, erzählt der kleine Prinz Fleur von den Sorgen der kleinen Miriam. Fleur hat sofort eine Idee. Mit der großen Schaukel fahren sie, wie mit einem Aufzug, hinauf zu Fleurs Wolke. Fleur möchte Miriam zum Trost ein Kinderbuch schenken.
Der kleine Prinz wundert sich über den Berg von unausgepackten Geschenken, der sich in Fleurs Garten auftürmt.
„Wollen Sie denn gar nicht wissen, was in all den Päckchen ist?", fragt er überrascht.
Da erzählt Fleur, dass sie alle von Anatol stammen, der sie mit aller Macht für sich gewinnen will. Aber Fleur liebt ihn nun mal nicht. Und die Geschenke sind ihr sehr unangenehm.

Am nächsten Morgen kommt Balthasar wieder aufs Dach, um mit ihnen nach Miriams gestohlenem Buch zu suchen. Als sie alle zusammen in den Aufzug der Bibliothek steigen, ist Juri überhaupt nicht begeistert. Barsch schlägt er vor, die Eindringlinge sofort aus der Bibliothek zu werfen. Balthasar dämpft seine Wut und bittet stattdessen Miriam, ihr Lieblingsbuch zu beschreiben. Da sie sich erinnert, dass es nach Schokolade riecht, fahren sie in das zehnte Stockwerk. Dort stehen nur Bücher mit duftendem Einband. Aber im Regal mit jenen Büchern, die nach Schokolade riechen, ist es nicht dabei. Enttäuscht lässt Miriam die Schultern sinken.
Auf einmal schwankt das ganze Haus. Die Regale wackeln, Bücher stürzen aus den Regalen und fallen auf den Boden.
„Oh nein!", ruft Balthasar. „Das Gebäude sinkt immer weiter ein. Irgendwann wird es noch ganz in sich zusammenfallen. Juri, wir müssen unbedingt herausfinden, woher diese Erschütterungen kommen."

Nach einer Weile hört das Rumpeln und Wackeln auf. Alle fahren mit dem Aufzug nach unten. Balthasar möchte seine neuen Freunde lieber nach draußen bringen, denn in der Bibliothek wird es immer gefährlicher. Der neugierige Fuchs bemerkt, dass ein Lämpchen im Aufzug leuchtet.
Der Bibliothekar erklärt ihm geduldig, dass in jenem Stockwerk mit dem roten Lämpchen Juris Arbeitsplatz ist. Dort repariert er kaputte Bücher.

Als Nächstes will der kleine Prinz Anatol einen Besuch abstatten. Er hat den Verdacht, dass Anatol hinter dem Diebstahl stecken könnte. Doch kaum sind sie bei der riesigen Zeitungsdruckerei angekommen, werden sie von den Finsterlingen angegriffen. In ihrer Not springen sie durch ein Fenster in den Keller der Druckerei. Obwohl der kleine Prinz mutig mit seinem Zauberschwert gegen die Finsterlinge kämpft, bleiben diese ihnen dicht auf den Fersen.

Miriam hat fürchterliche Angst. Sie versucht, den schwarzen Geistern mit den feurigen Augen auszuweichen. Da passiert das Unglück! Sie stolpert und gerät in die Druckmaschine. Sogleich wird sie von dem Fließband mitgerissen. Fuchs zögert keinen Moment und springt hinterher, um ihr zu helfen, während der kleine Prinz verzweifelt versucht, die Finsterlinge abzuschütteln.

Immer schneller werden Miriam und Fuchs vom Fließband in die Druckmaschine hineingezogen. Nur noch wenige Meter trennen sie von einer gewaltigen Walze, die sie zu zermalmen droht. Fuchs und Miriam rennen um ihr Leben, gegen die Kräfte des Fließbands.
„Beeil dich, kleiner Prinz!", ruft Fuchs. „Sonst sind wir bald platt wie eine Briefmarke!"

Der kleine Prinz handelt rasch. Eilig zeichnet
er mit seinem Leuchtschwert ein großes starkes Tier herbei. In letzter
Minute schafft es das Zaubertier, die Druckmaschine anzuhalten.
Glück gehabt! Miriam und Fuchs sind gerettet.

Währenddessen plant Anatol neue Gemeinheiten. Er ruft Juri zu sich. Diesen hat er für seine bösen Machenschaften gewinnen können und ihn zu seinem Bücherfänger mit der Ziehharmonika gemacht.
„Juri, es ist Zeit für dich, noch einmal in die Stadt zu gehen", befiehlt er. „Spiel den Büchern deine Melodie vor! Aber diesmal lass kein einziges Exemplar zurück! So wird die Bibliothek endlich untergehen, und wir sind diesen Balthasar endlich los!"
Juri lacht zufrieden. Die Idee gefällt ihm.

Bald darauf überrascht der kleine Prinz Anatol auf dessen Aussichtsbalkon und stellt ihn zur Rede. Die böse Schlange ist auch da und steht Anatol zur Seite.
Spöttisch zischt sie: „Hat sich der edle Held etwa verschworen mit diesem Verführer Balthasar?"
Der kleine Prinz versucht, Anatol die Augen zu öffnen: „Die Schlange will nur diesen Planeten zerstören. Lassen Sie nicht zu, dass aus Ihrer Liebe zu Fleur Hass wird!"
Die Schlange lacht ihn aus: „Du erteilst Lektionen über die Liebe? Du, der du deine Rose im Stich gelassen hast?!"
Betroffen sieht der kleine Prinz zu Boden. Er vermisst seine geliebte Rose doch so sehr. Anatol jagt den kleinen Prinzen aus seinem Haus.

Während der kleine Prinz, Fuchs und Miriam noch überlegen, was sie tun sollen, bebt schon wieder die Erde. Voller Angst flüchten die Menschen in ihre Häuser. Die Bibliothek sinkt noch tiefer in den Boden. Aus einem der Fenster im oberen Stockwerk sieht Balthasar seine Freunde.

„Eine Katastrophe!", ruft er. Und Juri, auf den er sich sonst immer verlässt, kann er auch nicht finden. Er ahnt ja nicht, dass Juri für Anatol arbeitet.

Fuchs hat eine Idee: „Haben Sie denn schon in seinem Stockwerk nachgesehen?"

Balthasar fährt mit seinen Freunden im Aufzug in das unterste Stockwerk. Er drückt den roten Knopf. Als sich die Gittertüren des Aufzugs öffnen, trauen sie ihren Augen nicht.

Bücher über Bücher liegen aufeinander. Sie bilden einen regelrechten Berg. Immer mehr Bücher fliegen herbei und bleiben auf dem Berg liegen.

Miriam ruft aufgeregt: „Hört doch! Das ist die Musik des Bücherdiebs!" Es ist Juri, der auf seiner Ziehharmonika die Zaubermelodie spielt. Als er den kleinen Prinzen und Balthasar erblickt, rennt Juri schnell weg. Doch er hat nicht mit dem cleveren Fuchs gerechnet, der ihm den Weg abschneidet.

Juri bleibt stehen und starrt Balthasar wütend an: „Anatol hat recht! Die Bücher müssen alle weg. Alle, bis es kein einziges mehr gibt. Ich habe es satt, sie zu reparieren."

Balthasar versteht überhaupt nichts mehr. Was ist nur in seinen guten Juri gefahren?

Da rennt plötzlich Miriam auf Juri zu und trommelt mit ihren kleinen Fäusten wütend auf ihn ein: „Du bist ein böser, böser Mann! Gib mir mein Buch zurück! Sofort!" Verzweifelt beginnt sie laut zu schluchzen.
Juri lässt vor Schreck seine Ziehharmonika fallen – und dann begreift er. Er kniet sich zu dem kleinen Mädchen hinunter und entschuldigt sich. „Verzeih mir! Ich hatte vergessen, dass man ein Buch so lieben kann. Ich war meine Arbeit einfach so leid. Ich wusste schon nicht mehr, warum ich sie tat."

In diesem Moment wackeln wieder die Wände. Juri verliert dabei das Gleichgewicht, und zu allem Unglück stürzt die Ziehharmonika in die Tiefe, in den gigantischen Bücherberg.
Der kleine Prinz weiß, dass die Bibliothek jeden Moment einstürzen kann, wenn sie es nicht schaffen, die vielen Bücher wieder aus der Bibliothek hinauszuschaffen. Aber ohne die Ziehharmonika würde das ewig dauern.
Da kommt ihm eine Idee: Er zaubert seine Wundertrompete herbei und spielt Juris Melodie. Doch es funktioniert nicht! Die Bücher rühren sich nicht.
Juri hat den rettenden Einfall. Der kleine Prinz muss die Melodie rückwärts spielen! Während die anderen alle Fenster öffnen, spielt der kleine Prinz, und die Bücher fliegen wie von Zauberhand ins Freie.

Als Juri den Jubel der Menschen draußen hört, meint er: „Mir war gar nicht klar, wie sehr die Menschen ihre Bücher lieben."
Doch wie soll die Bibliothek wieder aus dem Boden herauskommen? Balthasar hat eine geniale Idee. Wenn sie die Bibliothek an Fleurs Wolke festbinden und zusätzlich ganz viele Schirme an der Wolke anbringen, wird der Wind die Bibliothek hochziehen. Fleur ist voller Bewunderung für Balthasar und fällt ihm vor Freude um den Hals.
Miriam und Fuchs machen sich sofort an die Arbeit. Sie bitten die Menschen um Schirme. Balthasar, Juri und der kleine Prinz befestigen starke Seile am Gebäude der Bibliothek.

Doch Anatol und die Finsterlinge entreißen den Menschen die Bücher wieder und werfen sie zurück in den Keller der Bibliothek. So bleibt die Bibliothek zu schwer. Der Plan geht nicht auf.

Der kleine Prinz muss schnell handeln, wenn er den Planeten noch retten will.
Er stellt sich Anatol in den Weg und ruft: „Anatol, glauben Sie im Ernst, dass Fleur sich in Sie verlieben wird, wenn Sie so etwas tun?"
Doch Anatol ist alles egal: „Fleur wird mich bestimmt lieben!"
Selbst als der kleine Prinz ihm klarmacht, dass er den Planeten mit seiner Haltung in Gefahr bringt, lässt er sich nicht umstimmen. Die Schlange ist fast am Ziel und raunt Anatol ins Ohr: „Gib nicht auf!"
Erst als der kleine Prinz Anatol verrät, dass Balthasar gar nicht lesen kann und seine schönen Geschichten für Fleur ohnehin erfindet, erschrickt er.
„Aber dann", stammelt er entsetzt, „dann war ja alles umsonst! Oh, es tut mir leid!"

Für dieses Mal gibt sich die böse Schlange geschlagen, aber sie droht dem kleinen Prinzen: „Wir treffen uns wieder! Die Galaxie ist unendlich. Ich kann noch viele schöne Planeten besuchen. Du wirst deine Rose so schnell nicht wiedersehen!" Und mit einem hämischen Lachen verschwindet sie ins All.

Anatol möchte sich mit Fleur und Balthasar versöhnen. „Ich war nicht ich selbst", sagt er kopfschüttelnd. „Ich habe der Schlange geglaubt." Umso entschlossener ist er, seine Fehler wieder gutzumachen. Und er weiß auch schon, wie. Zusammen mit dem kleinen Prinzen befestigt er die Seile an der Druckmaschine. Deren Motor ist stark genug, um die Bibliothek komplett wieder aus dem Boden zu ziehen. Der Jubel ist riesengroß, als die Bibliothek gerettet ist. Aber Anatol schämt sich immer noch ein wenig, als er nun all die glücklichen Menschen sieht, die in ihre Bücher vertieft sind. „Ich hatte sogar vergessen, was den Reichtum unseres schönen Planeten ausmacht – die Bücher!"

Der kleine Prinz spricht ihm Mut zu: „Sie haben so viele Dinge zu geben: Ihre Freundschaft, Ihre Hilfe, Ihr Lächeln."
Anatol ist ein wenig verlegen: „Fleur und Balthasar lieben sich, und ich wünsche ihnen alles Gute. Aber vielleicht können wir ja trotzdem Freunde sein."
Fleur freut sich sehr, und alle scheinen zufrieden zu sein.
Nur die kleine Miriam ist gar nicht glücklich.
„Ich habe immer noch nicht mein Buch wieder", weint sie.

Da machen sich alle sofort auf den Weg zur Bibliothek, um in Juris Stockwerk nach Miriams Lieblingsbuch zu suchen. Aber obwohl der Bücherberg geschrumpft ist, liegen immer noch unzählige Bücher übereinander. Wie sollen sie da bloß ein einzelnes Buch wiederfinden?

Miriam erinnert sich wehmütig an ihr Lieblingsbuch: „Es ist weich, es riecht nach Schokolade und es hat drei kleine Sterne auf dem Deckel, die wunderschön funkeln."
Das bringt Balthasar auf einen Gedanken. Er schaltet das Licht aus, und siehe da: Auf einmal leuchten auf dem Bücherberg drei Sterne! Sie haben es tatsächlich geschafft – Miriam hat ihr Buch wieder!

Zufrieden verabschieden sich der kleine Prinz und Fuchs von ihren Freunden auf dem Planeten der Bücher. Doch zuvor hatte sich der kleine Prinz noch ein Buch von Balthasars Bücherbaum ausgesucht, das er seiner Rose schenken möchte. Ein Buch mit Liebesgeschichten.
Wann er wohl Gelegenheit haben wird, ihr daraus vorzulesen?

Der Planet der Wunschbäume

Vincent Costi
Text von Ulla Nedebock

Eines Morgens, als die Rose aufwacht und sich genüsslich rekelt, flattert ein neuer Brief des kleinen Prinzen herbei. „Liebe Rose, die Schlange hat wieder zugeschlagen. Diesmal hat sie sich den Planeten X 442 ausgesucht. Du fehlst mir. Ich schreibe dir bald wieder."

Mit einem tiefen Seufzer legt die Rose den Brief beiseite. Wenn ihrem Prinzen nur nichts zustößt!

Der kleine Prinz und Fuchs sind derweil schon auf dem Planeten gelandet. Den Eingang zu X 442 haben sie mühelos gefunden und purzeln nun durch die Tür.
Als sie sich wieder aufgerappelt haben, steht ein kleines Mädchen direkt vor ihnen und schaut sie vorwurfsvoll an.
„Na, das ist ja toll!", schimpft es. „Mein Wunschzettel ist weg! Jetzt kann ich beim Wunschboten keinen Wunschbaum bestellen, weil ich kein Papier mehr habe."
Der kleine Prinz ist zunächst überrascht. Dann aber überreicht er ihr aus seinem Zauberblock eine Seite.
„Ich bin der kleine Prinz", stellt er sich vor.

Das Mädchen, es heißt Juna, erzählt den beiden, was es mit dem Wunschbaum auf sich hat. Wunschbäume sind Zauberbäume, die auf diesem Planeten für die Kinder wachsen. Zunächst schreibt man seinen Wunsch auf einen Zettel, faltet ihn und wirft ihn in den „Großen Abgrund".

Juna erklärt ihnen, was dann passiert: „Am Morgen des Zwei-Sonnen-Fests, während sich die beiden Sonnen übereinanderstellen, wächst für dich der Baum, den du dir mit deinem Wunsch erträumt hast." Fuchs und der kleine Prinz sind begeistert. Sie bestellen sich auch gleich jeder einen Wunschbaum. Der kleine Prinz wünscht sich einen Geschenkbaum für seine Rose, und Fuchs möchte einen Hühnerbaum haben. Nun müssen sie nur noch zwei Tage warten, bis der Morgen des Zwei-Sonnen-Fests anbricht. In der Nacht davor kommt nämlich der Wunschbote und sät die Wunschbäume.

Als sie ihre Wunschzettel in die Tiefe werfen, bekommen sie einen Schreck. Die Finsterlinge sausen durch den Großen Abgrund. Kein Zweifel! Die böse Schlange treibt auf diesem Planeten ihr Unwesen.

Juna nimmt den kleinen Prinzen und Fuchs mit zu dem großen Ereignis, das an diesem Tage bevorsteht: das große Wettwerfen, bei dem der neue Wunschbote bestimmt wird. Und Junas Bruder Dokan macht auch mit!
Von einem der riesigen Wunschbäume aus haben sie den Wettkampf gut im Blick. Schon stellen sich die Bewerber auf. Sie kommen zusammen mit ihren Flugtigern. Das sind kräftige und große Wesen, die nicht nur rennen und klettern können, sondern sogar fliegen. Nur wer einen der starken Flugtiger gezähmt hat und auf ihm reiten kann, kann Wunschbote werden. Doch nicht nur das! Der neue Wunschbote muss die Kunst beherrschen, die Zaubersamen während des rasanten Flugs genau in die Kamine zu werfen.
Jeder Teilnehmer des Wettbewerbs hat zehn Samenkörner in einer mit Gold geschmückten Dose. Nur wer in alle Kamine trifft und dabei der Schnellste ist, wird der nächste Wunschbote. Er überreicht am Ende des Wettkampfes seine leere Schmuckdose der Alchimistin Lil.

Juna zeigt ihren Freunden, wo Lil ist. Die Alchimistin sitzt auf einem Thron, hoch oben über dem Startplatz, und beobachtet alles. Fröhlich winkt sie den Bewohnern des Planeten zu. „Lil macht die Zaubersamen für die Wunschbäume", erzählt Juna. „Und in der Nacht zum Zwei-Sonnen-Fest begleitet sie den Wunschboten beim Werfen."

Fünf Dompteure mit ihren Flugtigern sind am Start. Darunter auch Junas Bruder Dokan und sein bester Freund Terry. Terry gilt unter den Bewohnern des Planeten als der geschickteste und beste Dompteur. Aber Dokan ist fast ebenso gut. Die beiden Freunde necken sich.

„Bereit für deine Niederlage, Terry?", sagt Dokan lachend. Terry sieht ihn herausfordernd an. „Ich an deiner Stelle würde mich nicht so aufspielen."
Beide müssen lachen. Sie wissen, wie wichtig ihre Freundschaft ist. Sie sind sich sicher, dass der Wettkampf sie nicht auseinanderbringen wird.
Als sie sich an der Startlinie aufstellen, bekommen beide noch Besuch. Terrys Mutter möchte ihrem Sohn noch Glück wünschen und umarmt ihn fest. Dokan erhält ein Geschenk von Shania, die insgeheim in ihn verliebt ist. Sie überreicht ihm einen Glücksbringer. Doch Dokan hat nur Augen für Lil, die Alchimistin, und zwinkert ihr zu. Shania bemerkt das.

Endlich fällt der Startschuss! Die Flugtiger rennen los. Die Dompteure lenken sie durch die Felsenlandschaft des Planeten. Mit kraftvollen Sprüngen gelangen die Tiger hoch hinauf und fliegen schließlich über den Köpfen der Zuschauer. Ein Konkurrent fällt schon beim Start aus, zwei weitere Dompteure bleiben in den Bäumen hängen, sodass sich nur noch Dokan und Terry ein Kopf-an-Kopf-Rennen liefern. Unter dem Jubel der Zuschauer verfolgen sie einander und sind am vorletzten Kamin fast gleichauf. Terry ist nur wenige Meter vor Dokan, doch es gelingt ihm, seinen Vorsprung auszubauen. Er muss nur noch ein Samenkorn in den letzten Kamin werfen, dann ist er der neue Wunschbote. Doch was für ein Schreck! Terry fehlt ein Zaubersamen in seiner Dose! Wie kann das nur sein?

Terry, der haushohe Favorit für den Titel des Wunschboten, ist geschlagen. Dokan entscheidet das Rennen für sich und gewinnt. Lil kürt ihn zum neuen Wunschboten und heftet ihm die Siegermedaille an. Juna jubelt ihrem Bruder zu. Sie ist so stolz.

Doch da kommt Terry und schreit Dokan wütend an: „Du bist ein Betrüger! Ich hatte vor dem Start zehn Samenkörner. Eins wurde mir geklaut! Das ist Sabotage. Ich hätte heute gewinnen müssen, weil ich der Beste bin!"

Lil versucht, Terry zu beruhigen: „Ich verstehe deine Enttäuschung, Terry. Du bist schnell, präzise und kämpferisch. Aber du weißt auch: Wenn der Wunschbote nur einmal nicht trifft, wächst hier an diesem Ort kein einziger Wunschbaum mehr. Das Überleben unseres Planeten hängt davon ab. Die Regeln beim großen Wettwerfen sind ganz klar. Du musst deine Niederlage akzeptieren."

Dokan sieht Terry betroffen an. Sie sind doch Freunde. Aber Terry ist blind vor Wut. Er ist sich sicher, dass Dokan ihm vor dem Start ein Samenkorn gestohlen hat. Wer sollte es sonst gewesen sein?

Der kleine Prinz kann gerade noch verhindern, dass sich Terry voller Zorn auf Dokan stürzt. Als Terry sieht, dass ihm niemand glaubt, springt er auf seinen Flugtiger Goha und fliegt davon. Beim kleinen Prinzen erhärtet das alles nur den Verdacht, dass die Schlange Macht über den Planeten gewinnen will. Sie versucht, Zwist und Streit zu säen, um alles zu zerstören. Doch noch weiß der kleine Prinz nicht, wen die Schlange unter ihren bösen Einfluss gebracht hat.

Fuchs versteht die ganze Aufregung nicht. Ein Samenkorn mehr oder weniger ist doch nicht so schlimm. Aber als sie am Abend mit Junas Familie über den Vorfall sprechen, begreift er, wie alles zusammenhängt. Die Wunschbäume sind schon seit ewigen Zeiten da. Sie halten mit ihren Wurzeln die einzelnen Teile des Planeten zusammen. Überdies sind die Samen der Wunschbäume miteinander verbunden. Wenn der Wunschbote auch nur ein einziges Samenkorn danebenwirft, wächst kein einziger dieser tollen Bäume mehr. Da die alten Wunschbäume nach einiger Zeit wieder verschwinden, müssen sie spätestens nach dem Zwei-Sonnen-Fest durch die neuen ersetzt sein. Gelingt dies nicht, driften die einzelnen Teile des Planeten auseinander.
Das wäre das Ende!

In einem anderen Haus auf dem Planeten der Wunschbäume versucht zur gleichen Zeit Terrys Mutter, ihren Sohn zu besänftigen.
„Es war sowieso eine dumme Idee", meint sie.
Terry erwidert zornig: „Es war schon immer mein Traum, Wunschbote zu sein."
Eigentlich möchte Terrys Mutter gar nicht, dass ihr Sohn Wunschbote wird, denn ihr Mann, also Terrys Vater, ist bei einem dieser Wettrennen ums Leben gekommen. Nun fürchtet sie, auch ihren einzigen Sohn zu verlieren. Als es ihr nicht gelingt, Terry zu beruhigen, sucht sie Hilfe bei Dokans Familie und dem kleinen Prinzen.
„Ich habe Angst, dass er etwas Schlimmes vorhat. Er gefährdet vielleicht das Zwei-Sonnen-Fest!", sorgt sie sich.
Dokan ahnt, was Terry im Sinn hat. Sicher versucht er, Lil zu zwingen, ihn zum Wunschboten zu machen. Rasch schwingt sich Dokan mit seinem Flugtiger in die Lüfte. Der kleine Prinz und Fuchs folgen ihm auf dem Zaubervogel des kleinen Prinzen. Aber niemand ahnt, dass auch die kleine Juna sich dieses Abenteuer nicht entgehen lassen will.
Sie folgt den anderen heimlich zu Lils Haus.

Als Dokan bei Lil ankommt, hat Terry die Alchimistin schon auf seinen Flugtiger gefesselt. Er will sie tatsächlich entführen! Dokan versucht, Terry von dessen Vorhaben abzubringen. Die beiden jungen Männer kämpfen miteinander. Am Ende stürzt Dokan bewusstlos zu Boden. Terry nimmt die gefesselte Lil und fliegt auf seinem Flugtiger Goha direkt in den Großen Abgrund hinunter. Sein Ziel ist der geheime Eingang in den Quellenschacht, der dort verborgen ist. Da unten formt Lil die Zaubersamen, die der Wunschbote dann aussäen soll.

Bald darauf finden der kleine Prinz und seine Freunde den armen Dokan. Fuchs und Juna kümmern sich um den verletzten Kämpfer, während der kleine Prinz versucht, Terry und Lil zu folgen. Weit kommt er dabei leider nicht: Die Finsterlinge machen ihm einen Strich durch die Rechnung. Ihm bleibt nur, zu seinen Freunden zurückzukehren.
Glücklicherweise kommt Dokan wieder zu sich. Aber er ist verzweifelt: Er weiß, dass er noch zu schwach ist, um Terry einzuholen, aber das Aussäen der Zaubersamen muss schon heute Nacht stattfinden. Da bietet der kleine Prinz seine Hilfe an.
„Ich werde Terry verfolgen", schlägt er vor.
„Das ist unmöglich", winkt Dokan ab. „Es dauert sehr lange, um einen Flugtiger zu zähmen."
Zum Erstaunen Dokans und Junas geht der kleine Prinz unerschrocken auf Dokans Flugtiger Pohi zu und spricht mit sanfter Stimme zu ihm. Unglaublich! Das wundersame Tier lässt sich vom kleinen Prinzen streicheln und senkt demütig seinen Kopf. Der kleine Prinz kann den Flugtiger überzeugen, ihn und Fuchs in den Großen Abgrund zu bringen. Wie gut, dass er die Sprache der Tiere spricht!

Juna möchte auch mitkommen, aber die anderen sind dagegen.
„Immer wenn es mal spannend wird, bin ich zu klein", meint sie trotzig.
Da bleibt ihr nur, sich heimlich am Bauch des Flugtigers festzuklammern.
Sie will auch einmal ein Abenteuer erleben. Sie ahnt ja nicht, wie aufregend
es werden wird!

Es ist ein Sturz ins Ungewisse. Der Flugtiger rast zwischen kantigen Felsen
hindurch immer weiter in die Tiefe. Dem kleinen Prinzen wird es ganz
schwindlig. Als der Flugtiger endlich auf einem Felsvorsprung landet, ist es
finster und kalt. An einer Stelle jedoch schimmert türkisfarbenes Licht.
„Das muss der Eingang zur Quelle sein", sagt der kleine Prinz.
In diesem Moment greifen die Finsterlinge an! Ein Glück, dass der starke
Flugtiger Pohi den kleinen Prinzen beim Kampf unterstützt. So gelingt es
ihnen, die Finsterlinge in die Flucht zu schlagen und auch die kleine Juna
vor ihnen zu retten.

Jetzt ist es höchste Zeit, Lil beizustehen. Rasch dringen der kleine Prinz, Fuchs und Juna in den Vorraum zur Quelle vor. Dort können sie beobachten, wie Terry Lil zwingt, die Zaubersamen zu formen, und wie er diese in seine Schmuckdose füllt. Der kleine Prinz muss handeln: Mutig stellt er Terry zur Rede. Er versucht, ihn zu überzeugen, dass er gerade eine große Dummheit begeht. Aber Terry ist völlig verblendet vor Wut. Er lässt sich nicht von seinem Vorhaben abbringen. Stattdessen verschwindet er mit Lil und lässt die anderen an der Quelle zurück.

„Ich werde euch zeigen, wer der wahre Wunschbote ist", ruft Terry noch. Da geschieht etwas Fürchterliches: Kaum ist Lil weg, verschieben sich die Felsen, und die drei Freunde sind in der unterirdischen Höhle gefangen. Nur der türkisfarbene Schein der Quelle schenkt etwas Licht. Verzweifelt klettern sie in die Seitengänge, aber sie finden keinen Ausweg.

Juna verliert bald den Mut: „Ich möchte nach Hause zu meiner Familie!" Der kleine Prinz tröstet sie. Er ist sich sicher, dass alles ein gutes Ende nehmen wird. Und bestimmt wird sich auch aufklären, wieso ein Zaubersamen aus Terrys Schmuckdose verschwunden ist. Eines ist jedoch sicher: Dokan war nicht der Dieb. Aber vielleicht jemand, der unbedingt wollte, dass Terry verliert.

Währenddessen hat Dokan sich ganz erholt und ruft seinen treuen Flugtiger Pohi zu sich. Gemeinsam suchen sie nach Terry und Lil. Schließlich entdecken sie beide auf Goha fliegend. Als Lil Dokan hinter sich erkennt, schnappt sie sich Terrys Zauberdose und wirft sie Dokan zu. Natürlich gibt Terry sich damit nicht geschlagen. Im Gegenteil: Nun ist er es, der Dokan einholen will. Eine wilde Jagd beginnt.
Plötzlich schlingert Terrys Flugtiger, und Terry und Lil fallen herunter. Diese Chance weiß die Alchimistin zu nutzen. Sie rennt, so schnell sie kann, von Terry weg, und Dokan ist sogleich zur Stelle. Er zieht sie hoch in seinen Sattel. Nun kann es endlich losgehen. Und es ist höchste Zeit! Die Zaubersamen müssen eiligst verteilt werden!
Lil sagt besorgt: „Wir sind spät dran. Wir müssen sofort mit dem Verteilen beginnen!"

Terry ist am Boden zerstört und kehrt mit hängenden Schultern zu seiner Mutter zurück. Doch die ist nicht alleine. Die Schlange ist bei ihr und zischt: „Siehst du, dein Sohn kommt zu dir nach Hause. Und er ist nicht der Wunschbote. Du musst dich nie mehr um ihn sorgen. Er wird jetzt immer bei dir bleiben."
Terrys Mutter lächelt zufrieden.
Nun wird alles gut!

Derweil fliegen Lil und Dokan durch die Lüfte. Als Dokan den ersten Zaubersamen in einen Kamin wirft, sagt Lil: „Ein Schaukelbaum für Tino!" Am nächsten Kamin heißt es: „Ein Labyrinthbaum für Mona!" Und so geht es weiter, bis alle Samenkörner verteilt sind.
„Wir haben es geschafft!", jubelt Dokan. „Alle Kinder bekommen ihren Wunschbaum."
Doch da täuscht er sich. Beim letzten Kamin hat Dokan nämlich nicht getroffen. Der letzte Zaubersamen ist nicht im Kamin gelandet.

Das lag sicher auch daran, dass Dokan nicht so richtig bei der Sache war. Er nutzte die Nähe Lils, ihr seine Liebe zu gestehen. Aber Lil hat ihm klargemacht, dass sie nicht in ihn verliebt ist.
Dokan nimmt es nicht allzu schwer. Vielleicht sollte er sich doch besser um Shania bemühen, die ihn offensichtlich lieb gewonnen hat.

Endlich ist der große Tag da! Das Zwei-Sonnen-Fest beginnt. Voller Spannung schauen am Morgen alle Kinder auf die Zaubersamen, die in der Nacht durch den Kamin gekommen sind. Doch was ist nur los? Aus den Samenkörnern wachsen keine Wunschbäume! Der Zauber hat nicht funktioniert!

Da die den Planeten zusammenhaltenden Wurzeln der alten Wunschbäume verschwunden sind, beginnt der Planet nach und nach auseinanderzubrechen! Schon wackelt der Boden, und die Felsplatten schweben haltlos ins All. Wie Puzzleteile löst sich eine Felsplatte nach der anderen und schwebt davon. Die Bewohner, die darauf leben, treibt es ins All hinaus. Es ist schrecklich! Nur ein Wesen beobachtet mit großer Genugtuung, wie die Katastrophe ihren Lauf nimmt: die böse Schlange!

Doch was ist so lange mit den in der Höhle eingeschlossenen Freunden passiert? Für sie hat die Sache, dass der Planet auseinanderdriftet, auch ein Gutes: Sie können endlich aus der Höhle entkommen, weil sich die Felsplatten verschieben und so den Weg ins Freie ermöglichen.
„Wir schweben in der Luft", bemerkt Fuchs verwirrt. „Der Planet zerfällt in Stücke."
„Es ist genau, wie Dokans Vater gesagt hat", ruft der kleine Prinz, während sie zu Terrys Mutter laufen, „ohne die Wunschbäume, die ihn zusammenhalten, weicht der Planet auseinander."
Nun ist schnelle Hilfe nötig!

Als Lil und Dokan schließlich bemerken, dass Dokan wohl einen Kamin verfehlt hat, sind sie ratlos.
„Oh nein! Was habe ich getan?", ruft Dokan verzweifelt aus und schlägt die Hände vors Gesicht. „Terry wäre das nie passiert. Ich wollte nur Wunschbote werden, damit du mich beachtest. Und herausgekommen ist eine Katastrophe! Ich bin an allem schuld."
Lil beruhigt ihn und schlägt vor, den kleinen Prinzen zu fragen. Vielleicht hat er ja eine Idee, wie der Planet noch zu retten ist.
Der kleine Prinz überlegt: „Wie lange bleiben die beiden Sonnen noch übereinander, solange können die Bäume doch noch wachsen?"
Lil antwortet: „Noch ungefähr drei Stunden. Die Zeit könnte reichen, um weitere Zaubersamen herzustellen."

„Aber nicht, um sie zu verteilen!", wirft Dokan ein. „Dafür ist die Zeit zu kurz. Das hat noch nie ein Wunschbote geschafft."
Der kleine Prinz lässt sich nicht entmutigen.
„Es ist unsere einzige Chance, diesen Planeten zu retten!"
Sie verabreden, dass Lil sofort neue Zaubersamen herstellt und sich dann alle vor dem Großen Abgrund treffen. Der kleine Prinz wird zuvor zusammen mit Dokan nach Terry suchen. Er ist der Einzige, der gut genug wirft, um in so kurzer Zeit neue Wunschbäume zu pflanzen.

Als der kleine Prinz und Dokan bei Terry eintreffen, ist dieser gerade dabei, seine Mutter zu überreden, ihr Haus zu verlassen und mit ihm auf dem Flugtiger zu fliehen. Sonst wird sie auf einer der Felsplatten ins unendliche All hinausgetrieben.

Der kleine Prinz und Dokan versuchen, Terry davon zu überzeugen, dass nur er den Planeten noch retten kann. Dokan nimmt seinen ganzen Mut zusammen und bittet ihn mit seinem Geständnis um Hilfe: „Ich hab es vermasselt, die Zaubersamen richtig zu verteilen."

Terry kann es nicht fassen: „Wegen dir ist der ganze Planet in Gefahr!"

Dokan fährt fort: „Nur du allein kannst den Planeten retten!"

„Lil wartet am Großen Abgrund auf uns!", sagt der kleine Prinz. „Aber wir müssen fertig sein, bevor die Sonnen auseinandergehen!"

Terry zweifelt zunächst, doch endlich scheint es, als ob er bereit sei, die Aufgabe zu übernehmen.

Doch so leicht lässt sich die böse Schlange ihren Plan nicht kaputt machen.
Sie flüstert Terrys Mutter ins Ohr: „Du lässt doch wohl nicht zu, dass sie das Leben deines Sohnes in Gefahr bringen?"
Terrys Mutter zögert.
Die Schlange raunt ihr zu: „Nach all der Mühe, die du dir gegeben hast!"
Terrys Mutter findet, dass die Schlange recht hat. Sie fleht ihren Sohn an: „Hör nicht auf sie, Terry! Riskiere nicht dein Leben für eine verlorene Sache!"
Nun hat der kleine Prinz genug gehört.
Er ist sich sicher und sagt: „Du stehst unter dem Einfluss der Schlange! Du warst es, nicht wahr? Du hast deinem Sohn das Samenkorn weggenommen, damit er beim Wettwerfen verliert!"

Wie zu erwarten, streitet Terrys Mutter alles ab. Stattdessen beschuldigt sie Dokan, der Betrüger zu sein. Ein Wort gibt das andere, und kurz darauf kämpfen Terry und Dokan miteinander.
Die Schlange kann zufrieden sein. Zwist und Unfrieden zerstören nicht nur die Herzen, sondern sogar ganze Planeten.
Der kleine Prinz versucht noch einmal, Terrys Mutter zu beruhigen, und bittet sie, die Wahrheit zu sagen: „Terry wird nicht das Gleiche zustoßen wie seinem Vater. Er ist ein toller Dompteur und wird ein guter Wunschbote sein. Hör nicht auf die Schlange!"
Da bäumt sich die Schlange riesengroß auf und umschlingt die Mutter.

Die Schlange zischt: „Er lügt! Wenn dein Sohn Wunschbote wird, endet er wie sein Vater. Und du wirst alleine und unglücklich sein. Ist es das, was du willst?"

Terrys Mutter ist hin und her gerissen. Will der kleine Prinz ihr vielleicht nur den einzigen Sohn wegnehmen?

Der kleine Prinz spricht weiter: „Öffne dein Herz! Die Schlange nutzt nur deine Angst aus. Wenn du Terry nicht endlich die Wahrheit sagst, sind wir alle verloren. Auch dein Sohn!"

Noch einmal versucht es die Schlange: „Wenn du jetzt redest, verlierst du vielleicht deinen einzigen Sohn!"

Doch nun wird der kleine Prinz ungehalten. Terrys Mutter ist wirklich sehr selbstsüchtig.

„Du verwehrst deinem Sohn seinen Traum, Wunschbote zu werden!", sagt er.

Da endlich hat sie ein Einsehen. Sie gesteht ihrem Sohn, dass sie vor dem Wettwerfen einen Zaubersamen entwendet hat.

Ihr Sohn starrt sie an. Die eigene Mutter soll ihm den Sieg genommen haben? Das kann doch nicht sein!

Unter Tränen entschuldigt sich Terrys Mutter bei ihm.

Der kleine Prinz kommt ihr zu Hilfe: „Manchmal tut man merkwürdige Dinge, um jemanden zu beschützen, den man liebt."

Dann aber drängt der kleine Prinz zur Eile. Jetzt müssen alle mit anpacken, um den Planeten noch zu retten. Terry macht sich sofort auf den Weg zum Großen Abgrund, wo Lil auf ihn wartet. Dokan muss rasch seiner Familie und Shania zu Hilfe kommen, die in Gefahr sind, auf einem Felsstück davonzutreiben. Und der kleine Prinz versucht, mit unzähligen Ankern die Felsplatten am Boden festzumachen.

Kurz darauf fliegen Lil und Terry auf Goha durch die Lüfte und verteilen die neuen Samenkörner. Diesmal klappt es! Ein Wunschbaum nach dem anderen sprießt aus der Erde. Ein Schaukelbaum für Tino, ein Labyrinthbaum für Mona und ein Musikbaum für Juna. Die Menschen jubeln. Ihr Planet ist gerettet!

Nur Fuchs ist nicht zufrieden.
„Was ist denn mit meinem Hühnerbaum?"
Juna zeigt ihm den Baum. Er hat die Form eines Huhns und ist voller Schokoladeneier! So hat sich Fuchs das nicht vorgestellt!
Der kleine Prinz jedoch ist glücklich, denn der Geschenkbaum für seine Rose ist wunderschön. Er pflückt einen Stern von seinem Wunschbaum.
Den wird er seiner geliebten Rose schenken.

Auch zu den anderen kehrt das Glück zurück. Terrys Mutter ist stolz auf ihren Sohn.

„Es tut mir leid! Dein Vater würde sich sehr freuen. Du bist ein hervorragender Wunschbote!", versichert sie ihm.

Erleichtert fallen sich die beiden in die Arme. Dann suchen sie den kleinen Prinzen, um sich bei ihm zu bedanken.

Doch zuvor möchte sich Terry gerne wieder mit Dokan versöhnen.

Schließlich ist er doch sein bester Freund. Dokan ist froh und erleichtert.

Er gratuliert Terry von Herzen: „Hoch lebe unser neuer Wunschbote!"

Schon bald finden sich beim kleinen Prinzen und Fuchs alle ein, um ihre Dankbarkeit auszudrücken. Ohne die Hilfe des kleinen Prinzen hätten sie es nicht geschafft, das wissen seine neuen Freunde.
Juna springt vor Freude auf seinen Arm und drückt ihn fest.
„Ich werde dich auch vermissen", meint der kleine Prinz lachend.

Der Planet des Riesen

Gilles Adrien & Alain Broders
Text von Ulla Nedebock

Schon seit einiger Zeit hat die Rose keinen Brief mehr von ihrem kleinen Prinzen erhalten. Aber da fliegt auf einmal eine Sternschnuppe am Planeten der Rose vorbei. „Schnell, wünsch dir was!", sagt sie zu sich selbst und schließt die Augen. Ob ihr Wunsch wohl in Erfüllung geht? Tatsächlich! Schon kurz darauf kommt ein Brief vom kleinen Prinzen angeflogen.

„Meine allerliebste Rose, ich wollte dir einen Sonnenuntergang malen, aber das war unserem Freund Fuchs wieder mal gar nicht recht. Er wollte viel lieber etwas spielen. Doch auch dazu kamen wir nicht, denn wir mussten erneut einen Planeten vor der bösen Schlange retten. Ich muss dir unbedingt vom Planeten des Riesen erzählen. Dieser Planet ist ein Lebewesen mit Armen, Beinen, Kopf und allem, was dazugehört. Der Atem des Riesen ist die Luft, und der Wald wächst auf seinem Körper. Doch seit einiger Zeit scheint es dem Planeten des Riesen schlechter zu gehen …"

Als der kleine Prinz und Fuchs auf dem Planeten landen, sind sie von einem großen grünen Wald umgeben. Schon bald kommen sie an einen runden, schillernden See. Alles sieht sehr schön aus. Das Wasser jedoch schmeckt ganz salzig.
„Das ist merkwürdig für einen Bergsee", stellt der kleine Prinz fest. Fuchs sieht etwas vorbeifliegen und meint: „Nicht so merkwürdig wie fliegende Briefkästen."

Neugierig verfolgen die beiden die bunten Kästen durch dichten Wald und über Felsen, bis sie einen Abhang hinunterkullern und mit viel Getöse mitten in einer Schulklasse landen.

Die Kinder sind ganz entzückt von Fuchs und streicheln ihn wie ein Kuscheltier. Der kleine Prinz entschuldigt sich bei der Lehrerin und stellt sich vor. Die Lehrerin heißt Natura. Sie trägt ein farbenfrohes Blätterkleid und Federschmuck. Ihre Haare sind so grün wie der Wald.

Natura erzählt dem kleinen Prinzen von ihren Sorgen. Immer wieder gibt es Erdbeben, und große Gebiete werden zu trockenen, lebensfeindlichen Wüsten.

Der Planet ist krank, aber niemand kennt die Ursache.

Mit einem tiefen Seufzer sagt sie: „Dabei kümmern wir uns gut um unseren Planeten. Ich muss Talamus schreiben, dass er endlich das Herz des Riesen kontrollieren muss. Er bekommt unsere Post im Gehirn des Riesen und sorgt dafür, dass alles reibungslos läuft."

Sie steckt ihren Brief in einen der fliegenden Briefkästen und schickt ihn los. Doch er kommt nicht weit. Über den Bäumen warten nämlich die Finsterlinge. Sie umschwirren den Briefkasten und entführen ihn.
Das will der kleine Prinz nicht zulassen. Er ruft seinen Zaubervogel herbei, und gemeinsam mit Fuchs und Natura verfolgen sie die Finsterlinge. Von oben kann der kleine Prinz gut erkennen, dass der Planet wirklich aussieht wie ein Körper. Der Planet ist ein Riese!

Sie sind den Finsterlingen dicht auf den Fersen, doch auf einmal dreht der Wind und ihr Zaubervogel wird mitgerissen.
Natura ruft aufgeregt: „Das ist der Riese! Seine Nasenlöcher atmen uns ein!"
Der Zaubervogel saust mit ihnen auf dem Rücken in eine große Höhle und landet dort auf einer Wiese voller Windmühlen. Eine ganz schöne Bruchlandung!

Kaum haben sich alle aufgerappelt, kommt ein Mann auf Natura zugerannt. Er war eigentlich dabei, eine Windmühle zu reparieren, aber nun muss er nachsehen, wer auf so ungewöhnliche Weise zu ihm gekommen ist.
Ganz offensichtlich begrüßen sich die Bewohner dieses Planeten anders: Natura und der Mann fassen sich gegenseitig an die Nase, anstatt sich die Hand zu reichen. Der Mann, er heißt Rico, freut sich, Natura zu sehen. Auch er macht sich Sorgen um den Riesen.

„Wisst ihr, ihr seid hier in den Lungen. Aber es geht alles drunter und drüber. Ich habe Talamus Briefe geschickt, dass der Planet bald am Kollabieren ist, aber er hat nicht geantwortet", erzählt Rico.
Der kleine Prinz überlegt: „Vielleicht hat Talamus ein Problem. Das Gehirn lenkt alles, und wenn es nicht vernünftig arbeitet, kann auch der Rest nicht richtig funktionieren."
Rico weiß nicht, was er von alldem halten soll. Er zeigt dem kleinen Prinzen einen Brief.
„Die Anweisungen, die Talamus mir in letzter Zeit schickt, sind jedenfalls völlig verrückt: ‚Kitzelt den Riesen am Fuß, damit wir mal was zu lachen haben!'"
Natura schüttelt verständnislos den Kopf. Aber Rico ist fest entschlossen, dem Befehl zu gehorchen. „Talamus ist unser Chef, wir tun, was er sagt."
Der kleine Prinz wundert sich ein wenig über Rico, fragt ihn dann aber nach dem komischen Geräusch, das überall zu hören ist, ähnlich wie ein Schlagzeug.

Rico kennt sich aus: „Das kommt vom Herzen! Das liegt sicher am Herzschlag, dass wir diese Erdbeben haben."
„Sollen wir nicht mal hingehen und nachsehen, was da los ist? Das Herz klopft ja unglaublich heftig", schlägt der kleine Prinz vor. Das leuchtet Rico ein, aber er will erst den Chef fragen.

Niemand ahnt, dass von Talamus keine Hilfe zu erwarten ist. Er vernachlässigt seine Arbeit völlig. Anstatt sich um die Meldungen aus den verschiedenen Körperteilen zu kümmern, die an bunten Bändern ins Gehirn zu ihm hinuntergelassen werden, schreibt er Gedichte.
Das alles hat nur mit seiner unglücklichen Liebe zu Natura zu tun. Seit er ihr beim Maskenball am Fest der zwei Monde ein Gedicht vorgetragen und ihr seine Liebe gestanden hat, ist er gänzlich durcheinander. Denn da es ein Maskenball war, hat Natura Talamus nicht erkannt. Zwar wollte sie dem Dichter damals als Erkennungszeichen die Hälfte eines Herzanhängers schenken, doch durch eine Verwechslung bekam Rico das Geschenk von ihr.
Talamus, der das alles beobachtete, blieb todunglücklich zurück. Seit diesem Tag kann er an nichts anderes mehr denken, als daran, wie er Natura für sich gewinnen könnte.

Diese traurige Stimmung hat die böse Schlange ausgenutzt und Talamus zu ihrem Werkzeug gemacht, um den Planeten des Riesen zu vernichten. Wenn sie es schaffte, Talamus von seiner Arbeit abzuhalten, dann würde der Riese nach und nach immer kränker werden und schließlich sterben. Und ohne den Planeten wären auch die Bewohner verloren.

Wie immer führt die Schlange also nur Böses im Schilde. Dabei ist sie geschickt: Sie lässt Talamus in dem Glauben, er müsse nur das perfekte Gedicht für Natura schreiben, dann würde die ihn bestimmt erhören. Gleichzeitig gibt sie dem armen Talamus das Gefühl, dass nichts von dem, was er zu Papier bringt, gut genug sei. So verbringt Talamus seine Zeit mit Poesie, anstatt sich um den Riesen zu kümmern. Wenn er mal einen Brief beantwortet, schreibt er nur wirres Zeug. Die böse Schlange kann zufrieden sein.

Der kleine Prinz und Natura können Rico schließlich überreden, zum Herzen des Riesen zu gehen und es zu überprüfen. Nach einigem Zögern nimmt er sie und Fuchs auf seinem Fahrrad mit.
Sie fahren durch dämmrige Gänge, und die Luft wird immer schlechter. Rico wundert sich über die Hitze, die dort herrscht, fährt aber unbeirrt den Schildern nach, die zum Herzen führen. Er weiß nicht, dass die Finsterlinge schon da waren und die Hinweisschilder vertauscht haben. Die Freunde rasen genau auf den Magen zu. Im letzten Moment, bevor sie in den gefährlichen Säurebrei des Magens stürzen, bemerkt Rico den Irrtum. Die Finsterlinge sind dicht hinter ihnen.
Rico ruft: „Rasch, springt alle in einen Schweißtropfen!"
Fuchs findet die Vorstellung, in dem Tropfen zu fliehen, zwar ziemlich eklig, aber immer noch besser, als von den Finsterlingen drangsaliert zu werden.

„Superfuchsig, ein Aufzug!", meint er hinterher, als alle wieder an der Oberfläche gelandet sind. „Aber da drin hat's ja doch etwas gemieft!"

Doch Natura hört ihm gar nicht mehr zu. Sie blickt sich um. Schockiert muss sie feststellen, dass überall nur noch Wüste und Sand ist, wo früher endlose Weizenfelder und grüne Wiesen waren.
„Unserem Riesen geht es ungeheuer schlecht!", schluchzt sie verzweifelt. Sie wirft Rico vor, dass er schon längst hätte merken müssen, dass die Befehle von Talamus in letzter Zeit völlig absurd waren.
„Ich soll gehorchen, nicht denken", hält Rico ihr entgegen. „Ich bin wirklich nicht schuld daran, was hier passiert."
Der kleine Prinz versucht, die beiden zu beruhigen. Es ist wichtig, dass sie herausfinden, was mit dem Planeten los ist.
„Wie lange geht es denn eurem Riesen schon schlecht?", fragt er.

„Nach dem letzten Fest der zwei Monde begann es", erinnert sich Natura. Verträumt erzählt sie, wie ihr ein maskierter Gast seine Liebe gestanden hat, mit einem wunderschönen Gedicht.

„Wir müssen mit Talamus reden", sagt der kleine Prinz entschlossen. „Er kontrolliert das Gehirn, also kann er uns vielleicht sagen, warum der Riese krank ist. Zusammen können wir ihn bestimmt heilen."
Natura nickt: „Es gibt nur einen Weg zum Gehirn und zu Talamus, und der führt durch den Mund in den Kopf. Das ist ein weiter Weg, aber wir werden es schon schaffen."
Rico sträubt sich immer noch, gegen die Vorschriften zu handeln. Und eine Vorschrift lautet eben: „Das Gehirn darf niemand außer Talamus betreten!"
Der kleine Prinz versteht Ricos Bedenken, aber er hat den Verdacht, dass Talamus unter dem Einfluss der Schlange steht.
Deswegen sagt er zu Rico: „Du kannst dich nicht mehr auf ihn verlassen. Dieses Mal musst du auf dich vertrauen!"

Die Sonne brennt heiß vom Himmel, während die Freunde durch eine Sandwüste laufen. Plötzlich stolpert Rico und stürzt. Dabei fällt etwas in den Sand: der halbe Herzanhänger! Natura ist fassungslos! Rico soll der verliebte Dichter sein? Das kann nicht sein!

Rico und Natura fangen schon wieder an zu streiten. Natura glaubt, dass Rico den Anhänger gestohlen hat, und Rico besteht darauf, dass ihm eine maskierte Frau das halbe Herz beim Fest der zwei Monde geschenkt hat.

Wieder muss der kleine Prinz schlichten: „Es war wohl eine Verwechslung, aber jetzt können wir denjenigen suchen, für den dieses Medaillon eigentlich bestimmt war. Lasst uns weitergehen!"

Mitten in der Wüste finden sie unzählige Briefkästen, die jemand dort gesammelt hat. Durch Zufall entdeckt Rico einen seiner Briefe, die er an Talamus geschickt hat. Das kann nur bedeuten, dass die Finsterlinge die Post an Talamus abgefangen haben. Talamus weiß also gar nicht, wie schlimm es um den Riesen steht!

Der Weg durch die Wüste ist gefährlich. Die sengende Hitze brennt auf der Haut. Die Freunde haben nichts zu trinken. Einer nach dem anderen sinkt kraftlos zu Boden. Sie drohen zu verdursten. Der kleine Prinz ist so erschöpft von der Hitze, dass er nicht mal mehr seine Zauberkräfte einsetzen kann. So wird am Ende auch er ohnmächtig. Die Situation scheint aussichtslos.

Wie durch ein Wunder werden sie gerettet, denn andere Bewohner des Planeten sind auch auf dem Weg zum Kopf des Riesen. Sie mussten ihre Dörfer verlassen, weil es nichts mehr zu essen gab. Überall ist nur noch Wüstensand.
Als Rico das hört, erschrickt er fürchterlich. Er muss nach seiner Familie sehen, ihr Dorf könnte nun auch betroffen sein. Seine Frau Rieke und die Kinder könnten sogar Hunger leiden. Der kleine Prinz versteht ihn gut. Sie werden ohne ihn weiterreisen. Doch Natura verlässt langsam der Mut.
„Bis zum Gehirn sind es noch mehrere Tage Fußmarsch!"
Da weiß der kleine Prinz Rat. Er zaubert sein Wolkenschiff herbei, und in kurzer Zeit haben sie den Kopf des Riesen erreicht. Sie landen am Ufer des Sees, den sie schon kennen. Natura erklärt ihnen, dass der See ein Auge des Riesen ist.

Während sie noch am sandigen Ufer stehen, bebt die Erde, und sie fallen ins Wasser. Das jedoch erweist sich als großes Glück, denn der Sehnerv führt sie von dort direkt zum Gehirn. Wie Seiltänzer hüpfen sie darauf entlang.

Auf einmal hören sie eine freundliche Stimme: „Guten Tag und willkommen!" Sie kommt vom Tor des Gehirns, das aussieht wie das Gesicht einer schönen Frau.

„Ich bin entzückt, Besuch zu haben. Aber es gibt hier eine Regel. Bevor ihr ins Gehirn des Riesen dürft, müsst ihr euer Gehirn benutzen. Löst das folgende Rätsel: Wir sehen gleich aus, rechts und links, sind zart wie Flügel des Schmetterlings. Und lassen trotzdem die Welt verschwinden. Wer sind wir? Könnt ihr das ergründen?"
Fuchs kann seinen Mund nicht halten und rät: „Hä? Kleine Zauberinnen mit Flügeln?"

„Falsche Antwort", sagt die Stimme.
„Sei still, Fuchs!", ermahnt ihn der kleine Prinz.
Er überlegt. „Unsichtbare Schmetterlinge vielleicht?"
„Falsche Antwort. Ihr dürft noch einmal raten", sagt die Frauenstimme.
Diesmal muss es stimmen!
Natura hat einen Einfall: „Ich weiß es! Das sind die Augenlider!"

Da öffnet sich das Tor, und sie kommen in eine riesige Höhle mit hohen Wänden. Überall wachsen Blumen, und von oben hängen unzählige bunte Bänder mit Nachrichten für Talamus herab.
Natura begreift sofort, was hier los ist.
„Talamus! Das nennst du also arbeiten? Du hast uns alle im Stich gelassen!"

Talamus ist sprachlos. Er stammelt unverständliches Zeug. Mit einem Besuch Naturas hat er nun wirklich nicht gerechnet.

„Dem Riesen geht es schlecht, sehr schlecht!", drängt ihn Natura.
Als Talamus sich immer noch nicht rührt, will sie die Sache selbst in die Hand nehmen. Aber sie weiß nicht, was man mit den bunten Bändern tun muss.
Talamus sieht sie nur mit traurigen Augen an und kauert sich in eine Ecke.
Nun versucht es der kleine Prinz: „Talamus, du musst deinen
Planeten retten. Komm zu dir!"
Da baut sich die Schlange hinter Talamus auf.

„Siehst du nicht, dass er schlimmen Liebeskummer hat?"
Dankbar blickt Talamus zur Schlange hoch.
„Ich helfe ihm, seinen Kummer zu überwinden", fährt die Schlange fort.
Der kleine Prinz ist wütend und schimpft: „Aber du verschweigst ihm, dass sein Planet in Lebensgefahr ist."
Talamus schüttelt den Kopf: „Jetzt übertreib mal nicht! Ein paar Organe könnten mal durchgesehen werden, gut, aber das sind Kleinigkeiten."
„Du verstehst immer noch nicht", ruft der kleine Prinz. „Allen geht es sehr schlecht!"

Die Schlange will sich nicht länger gefallen lassen, dass der kleine Prinz ihre Pläne durchkreuzt. Mit ihrem riesigen Schuppenkörper umschlingt sie den kleinen Prinzen und hebt ihn in die Luft. Die Finsterlinge greifen Natura und Fuchs an. Endlich begreift Talamus, dass die Schlange böse ist.

„Schlange! Du hast mich von meiner Arbeit abgehalten", wirft er ihr vor. „Du hast meine Verzweiflung ausgenutzt!"
Zornig schlingt sich die Schlange noch fester um den kleinen Prinzen. Er ruft: „Sag ihr, sie soll verschwinden! Talamus, sag es!"
„Hau ab, Schlange!", fordert Talamus sie auf.
Mit einem bösartigen Lachen löst sich die Schlange in Luft auf, und der kleine Prinz fällt zu Boden. Die Finsterlinge jedoch sind noch nicht fertig. Sie verfolgen Natura und heben sie hoch in die Luft. Dann lassen sie Natura in die Tiefe stürzen. Verzweifelt schreit sie um Hilfe.
Der kleine Prinz schwingt sich mithilfe der Bänder zu ihr. Er greift nach ihrer Hand, erwischt sie, doch dann entgleitet sie ihm und Natura fällt ins Bodenlose.

Zum Glück kann Talamus sie auffangen. Ein wenig verlegen setzt er sie auf dem Boden ab und stottert: „Natura, ich freue mich … Ich hatte ein Gedicht vorbereitet, aber jetzt …"
Da wird Natura schlagartig klar, wer der unbekannte Dichter auf dem Maskenball war – Talamus! Und tatsächlich: Die beiden sehen sich verliebt an und setzen die Herzhälften zusammen.

Der kleine Prinz muss das Liebespaar unterbrechen. Der Riese braucht schnelle Hilfe! Fuchs, Natura und der kleine Prinz bringen Talamus die Kärtchen, die an den vielen bunten Bändern hängen. Er schreibt neue Anweisungen darauf, und dann werden sie an einem anderen Band wieder hochgeschickt. Eines nach dem anderen wird bearbeitet, und auf einmal funktioniert die Lunge wieder, das Gras grünt erneut, und Wasser füllt die Seen und Flüsse. Die Bewohner des Planeten freuen sich unbändig. Endlich haben Talamus und seine neuen Freunde fast alle Kärtchen verschickt. In ihrem Eifer haben sie jedoch ein lebenswichtiges Organ übersehen: das Herz.

„Kommt mit mir, wir müssen dorthin!", ruft Talamus besorgt und läuft voraus.

Als sie in die Herzkammer kommen, herrschen dort schrecklich hohe Temperaturen. Das Herz glüht wie ein brennendes Holzscheit. Der Boden bebt unentwegt, weil das Herz viel zu schnell schlägt.

„Es wird kollabieren!", ruft Talamus ratlos. „Wir sind alle verloren, und das ist meine Schuld!", schluchzt er. Dabei fällt eine seiner Tränen in die wenigen Blumen, die hier noch wachsen.

Das bringt den kleinen Prinzen auf eine Idee. Er sagt: „Tränen kommen aus der Seele, und sie haben eine stärkere Kraft als aller Zauber der Welt."

Der kleine Prinz pflückt die Blüte mit der Träne darin und trägt sie vorsichtig zum Herzen. Obwohl der Boden glüht, geht er mit geschlossenen Augen bis zur Mitte.

„Es stimmt, man sieht nur mit dem Herzen gut. Mein Herz, ich bitte dich, sei meine Kraft!" Mit diesen Worten lässt der kleine Prinz die Träne mitten ins Herz des Riesen tropfen.

Zischend kühlt sich das Herz ab, der Herzschlag verlangsamt sich.

Es gelingt! Was für eine Freude!

Noch am selben Tag heiraten Talamus und Natura. Sie sind ein sehr glückliches Paar.

Natura bedankt sich beim kleinen Prinzen: „Unser Riese ist wieder bei bester Gesundheit."

Der kleine Prinz lächelt zufrieden und nickt: „Ja, durch die Kraft der Liebe. Die Liebenden führt das Schicksal immer zusammen."

Auch Rico und seine Familie sind gekommen.

„Auf Wiedersehen, Rico", sagt der kleine Prinz. „Du kannst wieder beruhigt arbeiten gehen. Talamus ist wieder mit ganzem Herzen bei der Sache."

Rico strahlt: „Aber wenn ich ihm in Zukunft etwas zu sagen habe, dann warte ich nicht lange und gehe direkt zu ihm hin."

Mit einem Schmunzeln verabschieden sich der kleine Prinz und Fuchs von dem Planeten des Riesen. Und es scheint, als ob der Riese ihnen zuzwinkert.

Der Kleine Prinz - Fans, aufgepasst!

Der kleine Prinz:
Freundealbum

ISBN 978-3-944107-26-4

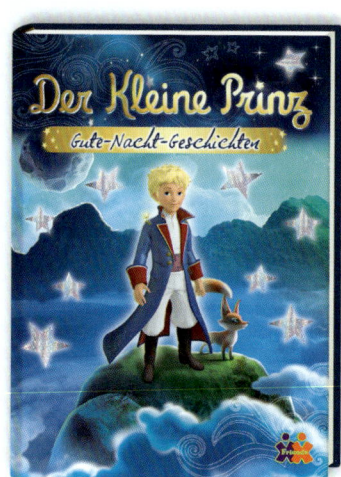

Der kleine Prinz:
Gute-Nacht-Geschichten

ISBN 978-3-86318-333-2

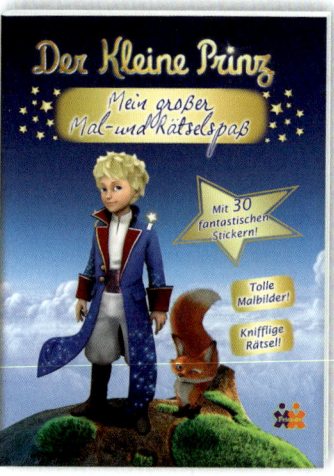

Der kleine Prinz:
Mein großer Mal- und
Rätselspaß

ISBN 978-3-944107-28-8

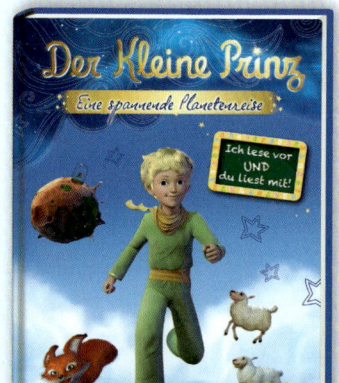

Der kleine Prinz:
Eine spannende
Planetenreise

ISBN 978-3-944107-03-5

Der kleine Prinz:
Mein 3D-Mal- und
Erlebnisbuch

ISBN 978-3-944107-00-4

Der kleine Prinz:
Verkaufskassette
»Der kleine Prinz 9–12«

ISBN 978-3-944107-75-2

Geh mit dem kleinen Prinzen auf Entdeckungsreise!

Die Original-Hörspiele zur TV-Serie, das Liederalbum und der Soundtrack

Überall im Handel und auch als Download erhältlich!

Jetzt neu:

Der Kleine Prinz-Magazin

www.der-kleine-prinz.blue-ocean.de